Literarisches Bureau der Hamburg-Amerika Linie

Dampfer „Imperator"

Das größte Schiff der Welt

Literarisches Bureau der Hamburg-Amerika Linie

Dampfer „Imperator"

Das größte Schiff der Welt

ISBN/EAN: 9783954272556
Erscheinungsjahr: 2013
Erscheinungsort: Bremen, Deutschland

© maritimepress in Europäischer Hochschulverlag GmbH & Co. KG, Fahrenheitstr. 1, 28359 Bremen. Alle Rechte beim Verlag und bei den jeweiligen Lizenzgebern.

www.maritimepress.de | office@maritimepress.de

Bei diesem Titel handelt es sich um den Nachdruck eines historischen, lange vergriffenen Buches. Da elektronische Druckvorlagen für diese Titel nicht existieren, musste auf alte Vorlagen zurückgegriffen werden. Hieraus zwangsläufig resultierende Qualitätsverluste bitten wir zu entschuldigen.

HAMBURG-AMERIKA LINIE

DAMPFER
IMPERATOR
DAS GRÖSSTE SCHIFF
DER WELT

HERAUSGEGEBEN VON DEM
LITERARISCHEN BUREAU DER HAMBURG-AMERIKA LINIE,
HAMBURG

INHALT:

Imperatorklasse, Schiffsgröße, Sicherheit und Bequemlichkeit S. 5. Doppelboden S. 9. Spanten, Schotten S. 10. Decks, Abmessungen, Ablaufsgewicht S. 13. Hinterschiff (Wellenböcke, Ruder) S. 14. Vorderschiff, Turbinen, Schrauben, Materialprüfung S. 19. Anker, Kammern S. 20. Treppenhäuser S. 25. Salons, Promenaden, Turnhallen S. 26. Bäder, Schwimmbad S. 29. Besatzung, Schottüren, Vierschraubensystem S. 30. Kommandoübermittlung, Kreiselkompaß, Unterwasserschallapparat, Funkentelegraphie S. 33. Navigations- und Sicherheitsoffizier, Rettungs- und Feuerlöschgeräte S. 34. Rettungsmanöver, Beleuchtung S. 37. Werkstatt S. 38.

KÜNSTLERISCHE AUSSTATTUNG VON ERICH BÜTTNER,
BERLIN

GEDRUCKT VON DER
DRUCKEREI-GESELLSCHAFT HARTUNG & CO. M. B. H.,
HAMBURG

WENN CHRISTOPH KOLUMBUS DEM IMPERATOR BEGEGNETE

DER Dampfer „Imperator", der auf der Hamburger Vulcanwerft nunmehr vom Stapel laufen soll, ist das größte Schiff Deutschlands und der ganzen Welt und der erste Vierschrauben-Turbinendampfer der deutschen Handelsflotte; er verkörpert mit diesen beiden Eigenschaften einen neuen gewaltigen Fortschritt in der an Erfolgen reichen Geschichte unserer noch so jungen Seeschiffahrt.

Das größte Ozeanschiff Deutschlands! Was das bedeutet, weiß nur, wem die schon heute in Fahrt befindlichen Riesenschiffe unter deutscher Flagge bekannt sind, und wer zugleich weiß, daß der neue Dampfer diese Riesen um das Doppelte ihres Raumgehalts übertreffen wird. Eine „Amerika", eine „Kaiserin Auguste Victoria" wurden bei ihrer Indienststellung vor sechs Jahren mit Recht als außerordentliche Schöpfungen kaufmännischen und technischen Wagemuts angestaunt; ihre Rauminhaltszahlen, die 22 600 und 24 500 Brutto-Registertons erreichten, wären unseren älteren Kapitänen in ihren jüngeren Jahren noch als die Tonnagen ganzer Flotten erschienen. Nun aber erweist die schaffensfrohe Gegenwart, daß noch ganz andere Möglichkeiten der Entwicklung im Seeverkehr vorhanden sind, und schon geht sie daran, mit kühner Kraftanspannung diese Möglichkeiten auszunutzen, indem sie eine ganz neue, alle bisherigen überragende Schiffsklasse ins Leben ruft. Nicht lange wird der Dampfer „Imperator" in seiner Art und Größe allein stehen. Außer ihm hat die Hamburg-Amerika Linie zwei Schwesterschiffe in Auftrag gegeben, eine Flotte von drei so außerordentlichen Fahrzeugen, daß sie allein ihre Eigentümerin in die Reihe der Großreedereien stellen würden. Den Dampfer „Imperator" erbauen die Vulcan-Werke als erstes Handelsschiff auf ihrer neuen Hamburger Werft, die beiden Schwesterschiffe die alteingesessene und nicht minder berühmte Hamburger Schiffbauanstalt von Blohm & Voss.

Einen gewaltigen Fortschritt im Schiffbau bedeuten diese Riesendampfer nicht nur durch ihre Größe und die Aufgaben, die sie damit dem Techniker stellen; die Sicherheit und Bequemlichkeit des Reisens erhöhen sie in gleichem Maße. Professor Pagel, der Direktor des Germanischen Lloyd, schrieb vor kurzem: „Die Sicherheit der Schiffahrt wächst mit der Größe der Schiffe." Und im einzelnen wies er nach, warum die Stabilität sowie die Reserveschwimmfähigkeit eines modernen Riesendampfers die aller kleineren Fahrzeuge übertreffen muß. Daß große Schiffe an sich den Einwirkungen von See und Wind einen besonders wirksamen Widerstand entgegenzusetzen vermögen, ist eine allbekannte und plausible Tatsache; ihre ruhige Gangart hat ihnen ja namentlich bei allen Passagieren, die leicht zur Seekrankheit neigen, eine unübertroffene Beliebtheit eingetragen. Aber davon abgesehen: die strengen Vorschriften des Germanischen Lloyd, der Seeberufsgenossenschaft und der Auswandererbehörde über Baumaterialien und Bauart, Sicherheitsapparate und Sicherheitsbetrieb, Vorschriften, in denen die Summe aller bisherigen technischen Erfahrungen niedergelegt ist, kommen bei den größten Schiffen nicht nur ebensogut zur Anwendung wie bei den kleinsten, sondern ihre Wirksamkeit kann in vielen Beziehungen um so kräftiger in die Erscheinung treten, je größer ein Schiff ist. Namentlich die Schotteinteilung eines Riesenschiffes, mit anderen Worten die unbestritten wichtigste Sicherheitskonstruktion eines jeden modernen Ozeanfahrzeugs, muß hier in ihrer unvergleichlichen Überlegenheit genannt und anerkannt werden. Denn es ist praktisch natürlich nicht angängig, ein kleines Schiff in ebenso viele wasserdichte Abteilungen zu zerlegen wie ein großes und damit seine Schwimmfähigkeit im Falle von Kollisionen ebenso sicherzustellen. Doppelschrauben, Drei- und Vierschrauben-Systeme, diese wichtigen und oft bewährten Navigations- und Sicherheitseinrichtungen gehören naturgemäß überhaupt nur den Großen und Riesengroßen unter den Ozeandampfern. Schließlich überlege man auch, ob nicht über alle gesetzlichen Anforderungen hinaus der freiwillige Antrieb zu denkbar sorgfältigster Anwendung der auf die Sicherheit der Passagiere abzielenden Vorkehrungen um so stärker sein wird, je wertvoller das Schiff ist, das eine Reederei erbauen läßt. Man kann das moralische Verantwortlichkeitsgefühl, dessen sich die Reeder und ihre Beauftragten bewußt sein müssen, bei dieser Überlegung außer Betracht lassen, um bereits zu dem beruhigendsten Resultat zu gelangen, das Menschenwerke nur immer erlauben.

Weiter die Annehmlichkeit der Reise, die mit der Geräumigkeit der Fahrzeuge wächst. Es ist leicht einzusehen, daß die stetige Vervollkommnung der Ozeanschiffe in der Richtung ihrer Verkehrsbequemlichkeit und ihrer einladenden Ausstattung mit der gleichen Notwendigkeit vor sich geht, wie in jedem anderen blühenden Gewerbe Fortschritt aus Fortschritt folgt. Der Passagier drängt sich zu dem Schiff, das ihm die freundlichste Unterkunft und die angenehmsten Reisetage verspricht. Dieser Forderung muß sich jede Reederei unterwerfen, wenn sie im internationalen Wettbewerb bestehen will. Und diese Forderung ist auch vom Standpunkt des Passagiers vollkommen berechtigt. Aus wachsenden Ansprüchen erblüht und entfaltet sich unsere Kultur, auf dem Lande ebenso wie auf dem Wasser. Was für eine unbillige Forderung wäre es, von den Reedereien unter dem Vorgeben, daß der Höhepunkt eines berechtigten Reiseluxus erreicht sei, zukünftig Stillstand zu verlangen. Nur technische und wirtschaftliche

KIELLEGUNG IM AUGUST 1910 (VULCAN-WERKE, HAMBURG)

Schranken können hier Halt gebieten. Und wenn es selbst in gewissem Sinne zutrifft, daß die Überfahrt auf einem großen Ozeandampfer die Mehrzahl aller Reisenden heute bereits mit weit größerem Kulturraffinement umgibt, als sie auf dem Festlande gewöhnt sind, so ist doch aber auch nicht zu vergessen, daß jede Seereise nur einen vorübergehenden Ausnahmezustand schafft und überdies, zumal in bezug auf die Bewegungsfreiheit, auch mancherlei Einschränkungen fordert, für die der Überfluß des Bordlebens auf der anderen Seite als ein Ersatz genommen werden muß. Die See ist nicht das angestammte Reich der Menschheit, sondern Feindesland, erobertes Feindesland, dessen urweltliche Einsamkeit, dessen elementare Größe und Fremdheit die meisten Menschen abschrecken würde, wenn es nicht gelungen wäre, ihnen die ganze Menschentatkraft, Phantasie und Kulturgeschmack entgegenzusetzen. Kann es einen Menschen geben, der nicht wünschte, daß der Ozean die völkerverbindende Verkehrsstraße sei, zu der er geworden ist und hoffentlich immer mehr werden wird? Nun denn! so wird auch kein Einsichtiger tadeln, daß die Reize der Seefahrt mit allen Kräften gesteigert werden, daß die Seefahrt immer mehr den Charakter der alle Menschen gleich anziehenden Vergnügungsfahrt erhält. Und wenn die Erreichung dieses Ziels, die eine nicht geringe Kulturaufgabe ist, eben nur durch die Gewinnung immer neuen Bordraums möglich ist, so sollte man sich wirklich nur von Herzen freuen, ein Zeitalter der Riesenschiffe heraufkommen und eine deutsche Reederei vor allen anderen in die klar erkennbare Zukunft bauen zu sehen.

EHERN, ein Werk von gigantischen Formen und einer fühlbar ungeheuerlichen Schwere, hochragend und in seinem Baugerüst fast unabsehbar langgestreckt, hat der Dampfer „Imperator" Monate hindurch, täglich wachsend und wachsend, wie ein neues Wahrzeichen Hamburgs von der Halbinsel Roß auf das wimmelnde Leben der Elbe und des Hamburger Hafens herabgeblickt. Am 18. Juni 1910 begann die Kiellegung unter der 50 m hohen Helgenkrananlage der Vulcan-Werke. Der Rumpf entwickelte sich von unten und von seinen mittleren Teilen her, so daß es noch während der späteren Zeit des Baues aussah, als wäre er an seinen Enden abgebrochen. Erst schlossen sich die Bodenwrangen an den Kiel, rechts und links, wie die Gräten eines Fisches an das Rückgrat schließen. Der Boden des Dampfers begann sich auszubreiten. Wahrhaftig, wer hier nahetrat, konnte schon einen Begriff des Werdenden bekommen! 275 Bodenwrangen an jeder Seite des Mittelträgers, 550 also alles in allem. Und jede dieser „Gräten" im Mittelschiff 13 m lang und 1,80 m hoch. Als dann Kiel und Bodenwrangen oben und unten mit stählernen Platten zugedeckt wurden, die man sich

10 m lang, 2 m breit und 4300 kg schwer vorstellen muß, da entstand ein Bild des Schiffsfundaments, d. h. des Schiffsbodens, dem man ansah, welch einen riesigen Palast der See er zu tragen bestimmt war. Dieser 234 m lange und in seiner größten Seitenausdehnung 26 m breite Stahlpanzer bildete ein Gehäuse von Übermannshöhe und $6^1/_2$ Millionen Liter Rauminhalt. Ihn aneinanderzufügen haben Nieten bis zu $2^1/_2$ kg Einzelgewicht verwandt werden müssen. Seine Bedeutung ist zugleich die einer Sicherheitsanlage; denn die obere und die untere Beplattung der Bodenwrangen bilden einen zweifachen Schiffsboden, einen äußeren und einen inneren. Wird der äußere aus irgendeinem Grunde leck, so schützt noch der innere das Schiff vor dem Eindringen des Wassers.

Im Frühjahr 1911 konnte man die Aufrichtung der Seitenspanten, d. h. der mächtigen stählernen Schiffsrippen, die den Seitenwänden ihren festen Halt verleihen, und ihre Verkleidung mit Platten in vollem Gange sehen. Was von den Abmessungen der Bodenwrangen und Kielplatten soeben gesagt worden ist, fand hier eine noch viel imposantere Wiederholung. Zugleich vermehrten sich die Stapelklötze und Streben zu beiden Seiten des Schiffskörpers, und bald hatte sich ein Wald von mächtigen Holzstämmen um die Wölbung des Schiffsleibes gepflanzt. Ein Spaziergang unter dem beinahe 30 m breiten Koloß mit dem Ausblick auf die endlos fern erscheinende Lichtöffnung in der Längsachse zwischen den Stapelklötzen konnte jetzt ein rechtes Gefühl von der erdrückenden Mächtigkeit dieses Schiffskörpers geben.

Im Innern des Dampfers wurden dann die ersten Schotten erbaut, Querwände und Längswände, wie sie den Raum jedes deutschen Ozeanfahrzeuges nach den Vorschriften der Seeberufsgenossenschaft in wasserdicht gegeneinander abschließbare Abteilungen zu zerlegen haben, damit bei Kollisionen etwa eindringendes Wasser nie das ganze Schiff überflute. Mindestens zwei Abteilungen, unter Umständen noch mehr, müssen unter Wasser gesetzt werden können, ohne daß die Schwimmfähigkeit des Schiffes dadurch gefährdet wird. In den Dampfer „Imperator" sind eine große Zahl Querschotten und mehrere Längsschotten in den Maschinenraum eingebaut und sämtlich etwa 17 m hoch bis zum zweiten Deck, d. h. weit über die Wasserlinie des beladenen Schiffes, hinaufgeführt worden; das vorderste oder Kollisionsschott hat sogar eine Höhe bis zum ersten Deck erhalten. Es versteht sich, daß diese Querwände auf einem Riesendampfer wie der „Imperator" ganz außerordentliche Abmessungen und Stärken bekommen mußten. Horizontale und vertikale Versteifungen im Einzelgewicht von 1000 bis 4500 kg geben einen Begriff davon; ein einzelnes Schott in der Schiffsmitte belastet den Dampfer um etwa 1200 Zentner.

VORDERSCHIFF UND ERSTE DECKSBALKEN (JULI 1911)

Mit dem fortschreitenden Bau der Quer- und Längsschotten begann alsdann die Anlage der ersten Decks. Das Werk zeigte sich jetzt am interessantesten von oben. Eine breite hölzerne Treppe, die wie eine zweite Jakobsleiter direkt in den Himmel zu steigen scheint, leitet an der Längswand der Helgenkrananlage bis zu den höchsten Umgängen des Baugerüsts empor. Der Blick wandert von dort aus an den endlosen Spalieren der noch unbeplatteten Spantenenden entlang; sie erscheinen ihm in ihrer starren Haltung und stählernen Gewaltsamkeit, wie sie sich in kurzen Abständen unabsehbar aneinanderreihen, gleich der drohenden Einfriedigung einer urweltlichen Riesenburg. Drunten im Schiffsinnern heben sich die stählernen Raumbalken der ersten durchlaufenden Decks und ihre riesigen Plattenbeläge hervor, durchsichtigen, häufig unterbrochenen Terrassen ähnlich, die dem Auge noch an vielen Stellen den grandiosen Weg in die Tiefe der untersten Schiffshallen zwischen den Steilwänden der Schotten freigeben. Fünf durchlaufende Stahldecks sind im Werden, ein Teildeck im Hinterschiff und zwei im Vorschiff. Wenn der Dampfer fertig sein wird, ragen noch vier weitere Decks mittschiffs über das obere durchlaufende Deck empor, die Aufbauten der vornehmsten Passagierwohnungen und Kajütensäle, das eigentliche Schloß in der weiten Schiffsstadt. Diese Decks werden dem Dampfer erst gegeben, wenn er vom Stapel gelaufen ist; dann erst können auch seine drei Schornsteine und zwei Masten aufgesetzt werden. Die Blicke und Gedanken des Hellingwanderers, der etwa 40 m über dem Erdboden steht, schweifen unwillkürlich nach dem Elbstrom hinüber, dessen Wasser an den Fuß des Baugerüstes schlagen, und sie sehen das Riesenschiff vollendet, wie es im Frühjahr 1913 drüben von den Kuhwärder Häfen aus seine erste Fahrt über das Weltmeer antreten wird. Ein Ozeanriese von 276 m Länge, fast der doppelten Länge des größten deutschen Kriegsschiffes. Ein Ozeanriese von beinahe 30 m Breite und mehr als 19 m Tiefe. $30^1/_2$ m wird sich das Bootsdeck und 75 m werden sich gar die Spitzen der Lademasten über den Kiel erheben, viel höher als bei den stolzesten Segelmasten der Welt. Selbst die Schornsteine sollen 21 m Länge und ihre ovale Öffnung nicht weniger als $5^1/_2$ m in der Quer- und 9 m in der Längsachse erreichen.

GIGANTISCHE Wirklichkeiten und noch gigantischere Ahnungen! Dennoch — wenn der „Imperator" erst im Wasser schwimmt, wenn seine Riesenräume erst vollkommen ausgebaut und mit dem Reichtum ihrer Einzelheiten angefüllt sein werden, wird ein Teil der unmittelbarsten Anschaulichkeit dieser unerhörten Schiffsgröße verschwunden sein. Mit einem Ablaufgewicht von etwa 540000 Zentnern (den Schlitten eingerechnet) wird das Schiff vom Stapel gleiten und in die Elbe tauchen.

Es wird sekundenlang aussehen, als wollte der Koloß in den tief zusammenstürzenden Wassern unwiderstehlich versinken, und dem Zuschauer wird sich ein unvergeßliches Bild wildester Urkraft einprägen. Aber dann werden ungeahnte Gewalten aus der Wassertiefe hervorquellen, sie werden den unbändigen Riesen fassen, halten und rauschend emporheben, sie werden ihn wie eine Gondel schwimmen lehren. Von diesem Augenblicke an wird Kultur und Anmut bei dem Ungeheuer sein. Und wird auch seine Größe noch weiter zunehmen, wird sein Gewicht ohne Kessel, Maschinen und Ladung schließlich gar auf etwa 676 000 Zentner steigen, eine Last, hinter der ein modernes Linienschiff trotz Panzerung, Armierung und vollständiger Ausrüstung um rund 180 000 Zentner zurückbleibt — der Koloß ist ein Schiff, die blinde Gewalt eine gehorsame Kraft, die rohe Ungeheuerlichkeit ein lebendiges, sinnvoll gegliedertes und reich entwickeltes Kunstwerk geworden, dessen Größe nicht mehr erdrückend, sondern harmonisch und erhebend wirkt.

Kehren wir denn aus dieser Zukunft vorerst noch einmal in die letzte Vergangenheit zurück! Betrachten wir das Wachstum des Riesen wenigstens noch an einigen besonders markanten Einzelheiten seines Baues, da es nicht angängig ist, die Fülle der interessanten Vorgänge, die sich im Laufe des ersten Baujahrs abgespielt haben, zu erschöpfen. Bis die Spanten an das hinterste Schott des Dampfers herangeführt werden konnten, war es Herbst geworden. Solange hatte dieses Schott, das die mächtigen Durchgangsöffnungen für die inneren Schraubenwellen zeigte, in der Nähe des Wassers wie auf einer Landzunge einsam am Ende des schmal zulaufenden Doppelbodens gestanden. Die Spanten sind nicht mehr starr wie in den mittleren Teilen des Schiffes, sondern wegen der inneren und äußeren Schraubenwellen kunstvoll ausgebogen und geschweift. Bewunderung ergreift den Beschauer beim Anblick dieser ebenso mächtigen wie exakt berechneten Formen. Kolossale Wellenböcke, d. h. gußstählerne Bauteile, durch die die Schraubenwellen aus dem Schiffsrumpf heraustreten, wurden im Spätherbst eingesetzt. Einen Imperator-Wellenbock für die äußeren Schraubenwellen muß man sich 560 Zentner schwer vorstellen. Noch sehr viel mächtiger aber die inneren Wellenböcke, da sie einen einzigen Stahlguß bilden und mit dem Rudersteven, das heißt dem Träger des Steuerruders, zusammengefügt sind. So ein Rudersteven (er ist bei der Firma Krupp in Essen hergestellt worden) hat mit den Wellenböcken $17^{1}/_{2}$ m Höhe und ein Gewicht von 2200 Zentnern. Das Ruder hängt in 5 Ösen des Stevens, sein Gewicht ist 1800 Zentner und der Durchmesser der Ruderspindel in der Stopfbüchse $^{3}/_{4}$ m groß.

HINTERSCHIFF MIT WELLENAUSTRITTEN (SEPT. 1911)

DIE FÜNF UNTERSTEN DECKS IM VORDERSCHIFF (SEPT. 1911)

DER ERSTE DAMPFER DER HAMBURG-AMERIKA LINIE
1856

Am Vorderschiff rückte der Bau des Dampfers erst mit Beginn des neuen Jahres 1912 vor. 15 m über die Kranbahn der Helling mußten Kiel und Bug auf gemauerten Pfeilern hinausgeführt werden. Der letzte dieser Pfeiler erreichte eine Höhe von 8,5 m, eine so ungewöhnliche Hochlagerung des Bugs verlangte die ungewöhnliche Länge des Schiffes. Man kann sich denken, was für ein eindrucksvolles Aussehen in der letzten Zeit der Bauarbeiten gerade dieses so hoch emporgehobene Vorderschiff des „Imperator" gewonnen hat. Ein sitzender bronzener Adler, den großen Maßen des Dampfers entsprechend von dem Berliner Bildhauer Professor Bruno Kruse modelliert, wird später am oberen Ende des Vorderstevens den Bug des „Imperator" zieren.

Ausbau des Vorder- und Hinterschiffes sind die letzten der großen Schiffbauetappen vor dem Stapellauf. Einen ungefähren Begriff von den maschinellen Anlagen zu erhalten, die ja erst nach dem Stapellauf eingebaut zu werden pflegen, müssen wir uns in die Werkstätten der Vulcan-Werke begeben. Da sind natürlich vor allen Dingen die Turbinenteile bemerkenswert, die zum Teil fertig, zum Teil erst im Entstehen begriffen sind. Wir sehen verschiedene Trommeln der Niederdruck-Vorwärts- und der Niederdruck-Rückwärtsturbinen sowie ihre riesigen Gehäuse. Diese Gehäuse oder Turbinenmäntel sind Gußstücke von wahrhaft tunnelartigen Dimensionen. Dort liegt eins von fast $5\,^1/_2$ m Durchmesser und $7\,^1/_2$ m Länge. In ihm und seinesgleichen werden sich künftig auf baumdicken Stahlwellen Rotoren oder Trommeln drehen, deren jede mit 50000 Schaufeln versehen ist und ein Gewicht von 2700 und mehr Zentnern besitzt. Man denke sich solche Gewichtsmassen in der hohen Umdrehungsgeschwindigkeit der Turbinen bewegt, und man wird es begreifen, daß in einem einzigen Turbinenmantel der Imperatormaschinen 15000 Pferdestärken erzeugt werden können. Zur Weiterleitung der Maschinenkräfte dienen Schraubenwellen von fast genau $^1/_2$ m Dicke. Die Propeller selbst messen über 5 m im Durchmesser. Sie sind sämtlich mit vier Flügeln ausgerüstet (ein Gußstück) und aus Turbadiumbronze hergestellt.

Wie außerordentlich sorgfältig bei der Konstruktion dieser Maschinenteile und bei der Wahl des zur Verwendung kommenden Materials vorgegangen worden ist, lehrt u. a. eine Versuchs-Turbinentrommel, die unter einer hydraulischen Presse von mehreren Millionen Kilogramm Preßkraft deformiert worden ist, um die Haltbarkeit und Güte des Materials zu erproben. Die Versuchs-Turbinentrommel war ein erstklassiger Stahlguß von ähnlicher Größe und ähnlichen Abmessungen wie die wirklichen Trommeln des Riesendampfers. Sie zeigte nach der Deformation trotz der enormen Spannungen, denen das Material bei der starken Zusammenpressung ausgesetzt war, keinerlei Risse und Sprünge. Natürlich ist ein solcher Versuch außerordentlich kostspielig; aber Rücksicht auf die Sicherheit der Reisenden rechtfertigt ihn.

Eingebaut werden die Maschinen in den Dampfer erst, wenn er vom Stapel gelaufen ist. Am Bug und Heck werden dann auch fünf gewaltige Anker angebracht werden, deren größter 240 Zentner und deren kleinster noch 45 Zentner wiegt. 1200 Meter Ankerkette aus bestem Spezialstahl gehören dazu. Um sie aufzubewahren sind vorn und hinten im Schiff höchst ansehnliche Lagerräume reserviert worden.

SO zeigt jeder Blick auch in die maschinellen Anlagen des neuen Dampfers, welch ein großes Werk hier im Werden ist. Unmöglich für die Phantasie des Uneingeweihten, die Fülle dieser beispiellosen Erscheinungen in seinem Geiste zu einem fertigen Bild zu vereinigen. Und doch, wer noch zuletzt vor dem Stapellauf den Riesen „Imperator" in seinem Baugerüst gesehen, wer einen Gang durch die mit wunderlichen Maschinenungeheuern angefüllten Werkstatthallen der Vulcan-Werke gemacht hat, was könnte ihn lebhafter beschäftigt haben als der Wunsch, eine Vorstellung des vollendeten Schiffes zu erlangen, eine Vorstellung der schwimmenden Meeresstadt und ihres künftigen pulsenden Lebens.

Naturgemäß erlaubt der gegenwärtige Stand des Baues noch nicht, von allen Einzelheiten der künftigen Schiffsausstattung Rechenschaft zu geben. Begnügen wir uns denn mit einigen allgemeineren Mitteilungen über die Art, wie die Passagiere auf dem Dampfer „Imperator" untergebracht werden sollen, wie für ihre geselligen Bedürfnisse, für ihr körperliches Wohlbefinden und für ihre Sicherheit gesorgt werden soll. Es versteht sich, daß die unerhörte Geräumigkeit des Dampfers der Bewegungsfreiheit aller Passagiere nicht unerheblich zugute kommen wird. Seit vielen Jahren ist ja die Absicht der führenden deutschen Schiffahrtsgesellschaften und besonders der Hamburg-Amerika Linie dahin gegangen, die Unterkunftsräume der Passagiere nach Möglichkeit zu vergrößern und den Schiffskammern überhaupt mehr und mehr den Charakter von landfesten Zimmern zu geben. Bezeichnend für diese Bestrebungen ist es, daß die früher ganz allgemein üblich gewesene Anordnung der Passagierbetten übereinander in der 1. Kajüte auf den Hapagdampfern von Neubau zu Neubau mehr zurückgegangen ist. In der 1. Kajüte des Dampfers „Imperator" werden überhaupt nur noch frei zu ebener Erde stehende Metallbetten zu finden sein. Die gleiche Tendenz des Fortschrittes zeigt sich in dem Rückgang der Belegungsziffer der einzelnen Kammern. Während es in früheren Jahren zu den Selbstverständlichkeiten gehörte, daß ein alleinreisender Passagier seine

TURBINENMANTEL MIT WELLENDURCHTRITTSÖFFNUNG

EINE TEILWEIS BESCHAUFELTE TURBINENTROMMEL

HINTERSCHIFF AM ÄUSSEREN BACKBORDWELLENROHR

Schlafkammer bei gut besetztem Schiff mit einem oder mehreren fremden Mitreisenden teilen mußte, ist jetzt die sogenannte Einmanns- oder Zweimannskammer für alleinreisende Passagiere und Ehepaare auf den großen Dampfern der Hamburg-Amerika Linie bereits so häufig geworden, daß die Mehrzahl der Passagiere ohne fremde Kabinengenossen reisen kann. Auch in dieser Beziehung wird auf dem Dampfer „Imperator" ein Höhepunkt erreicht werden; denn nicht nur in der 1. Kajüte, sondern auch in den übrigen werden die Kammern für nur eine oder zwei Personen weitaus am häufigsten anzutreffen sein.

Der Zuwachs an Raum, der den meisten Passagierkammern auf dem Dampfer „Imperator" zugedacht worden ist, wird natürlich auch die Ausstattung mit praktischen und die Behaglichkeit erhöhenden Möbeln und Gebrauchsgegenständen vervollkommnen. Namentlich ist die immer lückenloser werdende Ausrüstung mit großen Kleiderschränken, Wäschekommoden, Frisierkommoden, Kammersofas, Tischen, Stühlen, Klubsesseln usw. bemerkenswert. Eigens für den Schiffsgebrauch konstruierte und einst für unentbehrlich gehaltene Möbel, wie z. B. die allbekannten aufklappbaren Schiffswaschtische von der Form schmaler Schränke, werden auf dem Dampfer „Imperator", wenigstens in der 1. Kajüte, beinahe schon als überlebt erscheinen. An ihrer Stelle sind elegante Marmorwaschtische bestellt worden, die irgendeine Einschränkung des Passagiers bei der Morgentoilette nicht mehr verlangen. Bei allen diesen Waschtischen wird auch die Zuführung warmen und kalten Frischwassers vorgesehen werden. Sämtliche Kammern werden elektrische Anschlüsse für Beleuchtung, Heizung, Klingeln, Ventilationsfächer usw. erhalten. Wo gelegentlich die Dampfheizung nicht ausreichen sollte, beabsichtigt man elektrische Öfen als Ersatz zur Verfügung zu stellen. Alle Kammern werden überdies an die künstliche Ventilation des Schiffes angeschlossen.

Weiter wird die Geräumigkeit des Schiffes den Treppenhäusern, Verbindungsgängen, Decks und Salons nützlich werden. Von den drei Treppenhäusern der 1. Kajüte erhält beispielsweise das Haupttreppenhaus bei einer Höhe von etwa 17 Meter Vorplätze von zum Teil 29 Meter Breite und 21 Meter Länge. Auf diesen Vorplätzen werden die Bureaus des Oberstewards, des Zahlmeisters, der Auskunfts- und Gepäckbeamten, ein Arztzimmer mit Warteraum und Apotheke, ein Bücherladen, eine Blumenhandlung und sonstige für die Passagiere nützliche Einrichtungen untergebracht werden. Auch Passagierfahrstühle, die den Verkehr durch fünf Decks vermitteln, sollen natürlich nicht fehlen, da sie sich zur Beförderung namentlich älterer oder kränklicher Personen auf früheren Dampfern der Gesellschaft — die Hamburg-Amerika Linie war die erste Reederei, die dem Passagierlift an Bord ihrer Ozeandampfer Eingang verschaffte — vortrefflich bewährt haben.

Die Salons, in denen die Passagiere ihre Mahlzeiten einnehmen, in denen sie lesen, schreiben oder in geselliger Unterhaltung beieinander verweilen können, werden unter der künstlerischen Gesamtleitung der Architekten Mewes & Bischoff, Köln, in der Hauptsache wieder nach den bewährten und praktischen Gesichtspunkten eingerichtet werden wie auf den in Fahrt befindlichen größten Passagierschiffen der Gesellschaft. Natürlich werden Geräumigkeit und dekorative Ausstattung darüber hinaus versuchen, der Sonderstellung des Dampfers „Imperator" in der Welthandelsflotte mit allen Kräften gerecht zu werden. Ein Ritz-Carlton-Restaurant, wie es bisher im transatlantischen Verkehr nur auf den Dampfern der Amerikaklasse der Hamburg-Amerika Linie zu finden war, ein Wintergarten, eine Restaurantlaube werden die Reihe der sonst üblichen Gesellschaftssäle auf dem Dampfer „Imperator" vervollständigen. Auch ein besonderer Tanz- und Festsaal wird geplant.

VON den Einrichtungen, die weniger den gesellschaftlichen Bedürfnissen der Passagiere als deren körperlichem Wohlbefinden dienen, wird der Dampfer „Imperator" mehr als andere Schiffe erhalten. Die Bewegungsfreiheit der Reisenden soll durch eine außerordentlich große Zahl von Promenadendecks und durch Turnhallen erhöht werden. Den Passagieren der 1. Kajüte sind beispielsweise drei Promenadendecks übereinander zugedacht. Das obere Promenadendeck wird vorn und an den Seiten auf zwei Drittel seiner Länge durch große Schiebefenster, wie sie sich schon auf den Dampfern „Amerika" und „Kaiserin Auguste Victoria" bewährt haben, gegen den Wind geschützt. Die Höhe dieses Decks beträgt fast 3 Meter und die Breite 5 bis 7 Meter. Man erkennt hieraus, was für eine geräumige „Strandpromenade" die Passagiere dieses Ozeanriesen für ihre Spaziergänge und für ihre behaglichen Ruhestunden auf den Schiffsliegestühlen haben werden. Das Bootsdeck ist natürlich nur so weit als Promenade mitzuzählen, als es von den vielen, im äußersten Notfall zur Aufnahme aller Menschen an Bord ausreichenden Rettungsbooten frei bleibt. Aber die Boote werden auf See stets zur Bereitschaft über Bord geschwungen, und so wird sich an schönen Tagen ein buntes Strandleben auf der Höhe dieses Decks im Sonnenschein und im Anblick der weiten, herrlichen See entwickeln.

Die Turnhallen sind auf den Dampfern der Hamburg-Amerika Linie seit vielen Jahren bekannt und werden von den Passagieren, nicht nur von den jüngeren, gern benutzt. Neu ist es, daß auch die 2. Kajüte eine Turnhalle erhalten soll und daß wahrscheinlich auf dem Dampfer

DECKSANSICHT DES D. IMPERATOR IM FRÜHJAHR 1912

EINER DER DREI SCHORNSTEINE DES DAMPFERS

„Imperator" zum ersten Male auch deutsche Turnapparate neben den elektrisch betriebenen Zander-Apparaten zur Geltung kommen werden. Einen großen Umfang wird dann ferner, wie man sich denken kann, die Ausrüstung des Dampfers mit Badegelegenheiten haben. Mehr als 220 Wannenbäder und Duschen sind für die Passagiere aller vier Klassen vorgesehen. Eine großartige Neuerung wird darüber hinaus die Anlage einer Schwimmhalle sein, an die sich hygienische Bäder der verschiedensten Art in reicher Zahl anschließen.

Ein Schwimmbad an Bord eines Seeschiffes setzt natürlich außer einem großen Raum eine sehr ruhige Gangart des Fahrzeuges voraus, um seine Benutzung nicht gar zu sehr von der Wetterlage abhängig sein zu lassen. Daß die Größe des Dampfers „Imperator" nach dieser Richtung hin vorzüglich wirkt, ist schon früher erwähnt worden. Die Hamburg-Amerika Linie hat aber auch die auf vielen ihrer Dampfer bereits so sehr bewährten Frahmschen Schlingerdämpfungstanks in den Dampfer „Imperator" einbauen lassen, um die Rollbewegungen des Schiffes bei ungünstiger See aufzuheben oder wenigstens stark zu mildern. So ist zu erwarten, daß die Benutzung der Schwimmhalle selten oder nie während der Fahrt des Dampfers unterbrochen werden wird. Ein herrliches Vergnügen und ein gesundheitdienlicher Sport ersten Ranges wird also den Kajütspassagieren des Dampfers „Imperator" winken.

Den Ausbau der Schwimmhalle haben zwei erste deutsche Firmen übernommen. Die Aufgabe ist, die alten Römer, die ja Meister in der Kunst des Bäderbaues und des Badens gewesen sind, nachzuahmen und durch Einfügung modernster Einrichtungen des medizinischen und hygienischen Badens, wo angängig, noch zu ergänzen. Zur Verfügung steht ein Raum von fast 20 Meter Länge und $12^1/_2$ Meter Breite. In ihm wird ein Bassin für Schwimmer und Nichtschwimmer von fast 12 Meter Länge, $6^1/_2$ Meter Breite und annähernd 3 Meter Tiefe angelegt werden. Die größte Wassertiefe soll gegen $2^1/_4$ Meter betragen. Pompejanische Säulen tragen die reich beleuchtete Glasdecke und zugleich eine Galerie, die als Zuschauerraum dienen soll. Der von den Aus- und Ankleidekabinen begrenzte Umgang um das Bassin wird großenteils in Marmor ausgeführt werden. Marmorbänke, bronzene Gitter, Plaketten nach alten pompejanischen Originalen werden den Raum verschönen. Treppen führen von der Galerie zum Vorplatz und hinab zum Bassin. Kaskaden sollen die ständige Erneuerung des Seewassers besorgen.

An die Schwimmhalle schließt sich ein Ruheraum, der schöne alte Malereien, ebenfalls nach pompejanischen Vorbildern, und behagliche Ruhelager enthält, schließen sich ferner mannigfaltige elektrische

Lichtbäder, Kohlensäurebäder, Massageräume, Dampfbäder, Heißluftbäder, Wannenbäder und Duschen; Damen- und Herrenfrisiersalons modernster Ausstattung vervollständigen die großartige Anlage.

FÜR die Bedienung der Passagiere und die Aufrechterhaltung des Betriebes in den Passagier- und Wirtschaftsräumen, in der Maschine und allen übrigen Teilen des Schiffes wird eine außerordentlich große Besatzung angenommen werden. Ihre Zahl dürfte 1180 Personen noch übersteigen. Besonderen Wert wird man auf eine zahlreiche Decksmannschaft, d. h. auf den speziell seemännischen Teil der Besatzung, legen. Unter dem Schutz einer solchen beruflich wohlausgebildeten und anerkannt tüchtig disziplinierten deutschen Mannschaft wird sich jeder Passagier vom einfachen Zwischendecker bis zum verwöhntesten Reisenden 1. Kajüte geborgen und sicher fühlen dürfen. Die beste Gewähr für eine glückliche Überfahrt bietet ja an Bord eines gut gebauten Schiffes unter allen Umständen die Tüchtigkeit, das Pflichtgefühl und die Manneszucht der Besatzung. Zum Glück besitzt der deutsche Seemann in dieser Beziehung den denkbar besten Ruf, und so liegt keine Gefahr darin, wenn die Hamburg-Amerika Linie ihm große Aufgaben zumutet.

Daß der Dampfer „Imperator" ein gut gebautes Seeschiff werden wird, dafür steht der Ruf der Hamburg-Amerika Linie, dafür stehen die Leistungen der Vulcanwerke ein. Auch zahlreiche Körperschaften, die Seeberufsgenossenschaft, der Germanische Lloyd und die Auswandererbehörde, müssen sich in Deutschland dafür verbürgen können, daß nichts beim Bau versehen, daß nichts unterlassen worden ist, was nach strengen gesetzlichen Vorschriften berücksichtigt werden muß. Einen Teil wichtiger, einschlägiger Baumaßnahmen haben wir schon bei der Schilderung der Schiffskonstruktion erwähnt. Es wurde u. a. der gewaltige Doppelboden des Dampfers „Imperator" geschildert, die Schotteinteilung und die Ausrüstung mit vier Schrauben. Die Schotten des Dampfers „Imperator" sind mit 36 wasserdichten Türen versehen, von denen eine besonders große Anzahl, nämlich 23, mit hydraulisch zu betätigender Türschließvorrichtung ausgestattet werden, so daß sie automatisch von der Kommandobrücke aus geschlossen werden können. Natürlich handelt es sich hierbei um die Schottentüren, die unter der Wasserlinie liegen und infolgedessen bei einer etwaigen Bodenberührung oder Kollision zuerst und unverzüglich geschlossen werden müssen.

Die Zweizahl, in unserem Falle sogar Vierzahl der Schiffsschrauben verhindert, daß der Dampfer bei Bruch des Ruders steuerlos wird. Bekannte Beispiele könnten aufgezählt werden, wo tüchtige Kapitäne deutscher Doppelschraubendampfer nur mit Anwendung der Steuerkraft, die durch Vor- und Rückwärtsarbeiten der Propeller zu erzielen ist,

RESTAURANT-LAUBE (HINTERES PROMENADENDECK)

WINTERGARTEN MIT BLICK INS CARLTON-RESTAURANT

LEUCHTER (RITZ-CARLTON-RESTAURANT)

ohne jede fremde Hilfe auf tagelanger Fahrt nach Verlust des Ruders ihr Fahrzeug wohlbehalten an das vorgesetzte Ziel gebracht haben.

Die Kommandos der Schiffsleitung werden durch elektrische Telegraphen und lautsprechende Telephone nach dem Maschinenraum übermittelt. Zugleich hat der Kapitän durch sinnreiche, elektrisch betriebene Apparate die Möglichkeit, sofort nach der Abgabe des Kommandos festzustellen, ob es richtig verstanden und zur Ausführung gelangt ist.

Eine sehr wesentliche Sicherheit für Schiff und Passagiere liegt, wie man sich denken kann, in der Ausrüstung mit guten nautischen Instrumenten, und es ist ein unzweifelhafter Vorzug der großen und größten Passagierdampfer, daß ihre Wirtschaftlichkeit eine Ausstattung mit den denkbar vollkommensten Instrumenten erlaubt. Ein glänzendes Beispiel beweist das für den Dampfer „Imperator". Für dieses Schiff ist zum ersten Male in der Handelsflotte ein sogenannter Kreiselkompaß bestellt worden, d. h. ein Kompaß, der nicht nach den Gesetzen des Magnetismus, sondern nach denen der Trägheit und der Erdrotation funktioniert und der infolgedessen von den mannigfaltigen Störungen, denen magnetische Kompasse auf eisernen Schiffen ausgesetzt sind, unabhängig ist. Der Kreiselkompaß ist ein eminent kostspieliges Instrument, so daß seine Anschaffung nur bei einem so großen Wertobjekt, wie es der Dampfer „Imperator" ist, in Frage kommen konnte.

Für den Kenner moderner deutscher Ozeanschiffahrt braucht kaum hinzugefügt zu werden, daß das neue Schiff auch mit Unterwasserschallapparaten und mit Funkentelegraphie ausgerüstet werden wird. Beide Erfindungen haben ihre hervorragende Nützlichkeit zur Vermeidung drohender Gefahren oft genug dargetan. Selbst der Nebel in der Nähe der Küste hat einen großen Teil seiner Schrecken verloren, seit durch Unterwasserglocken die Orientierung der Dampfer ermöglicht wurde. Die Funkentelegraphie hat die Vereinsamung der Schiffe, die über das Weltmeer fahren, aufgehoben. Dabei ist das Funkentelegraphenwesen auf See international so geregelt worden, daß der Notruf eines Schiffes alle sonstigen funkentelegraphischen Gespräche unterbricht. Von überall her eilen die Retter auf ein in Not befindliches Schiff zu, und es müssen schon ungewöhnlich viele verhängnisvolle Momente zusammenkommen, wenn ein Schiff unter diesen Umständen nicht rechtzeitig Hilfe erlangen kann. Die Nutzbarmachung der Funkentelegraphie zur Sicherheit der Seefahrt ist in neuester Zeit sehr verbessert worden. Auf dem Dampfer „Imperator" werden drei Telegraphisten vorhanden sein, die sich im Dienst ablösen und das Schiff so auch bei Nacht in ständiger Verbindung mit anderen Dampfern halten.

Daß der Navigierung des „Imperator" eine ganz besonders große Aufmerksamkeit geschenkt werden wird, hat schon der Hinweis auf den Kreiselkompaß gezeigt. Es ist hinzuzufügen, daß der Dampfer zwei ältere Erste Offiziere erhalten wird, von denen der eine ausschließlich für die Navigation des Schiffes und für das gesamte Sicherheitswesen an Bord zu sorgen hat. Das ist eine Maßregel, die gewiß mit Deutlichkeit erkennen läßt, welchen Wert die Hamburg-Amerika Linie einer unbedingten Zuverlässigkeit der Navigation beimißt. Ohne Zweifel tut sie recht daran; denn ein Schiff nicht erst in Berührung mit Gefahren kommen zu lassen, das heißt für die Sicherheit der Passagiere am besten sorgen. Reedereien, wie die Hamburg-Amerika Linie, haben besondere Navigationsinspektionen ins Leben gerufen, das heißt Zentralstellen an Land, von denen aus alle Schiffe der Flotte mit den neuesten und besten Karten, Seefahrtsbüchern, Instrumenten und Instruktionen versehen werden und von denen zugleich eine strenge Kontrolle darüber ausgeübt wird, ob die Navigation an Bord mit der gehörigen Gewissenhaftigkeit und dem richtigen Verständnis gehandhabt wird. Und werden alle nautischen Hilfsmittel sorgfältig benutzt, alle internationalen Abmachungen der Seeschiffahrt und die gesetzlichen Vorschriften der heimischen Behörden, die strengen Instruktionen der Reedereien hinreichend befolgt, wird namentlich auch das nötige Maß von Vorsicht und Wachsamkeit angewandt, so ist nach menschlichem Ermessen eine Gefahr so gut wie ausgeschlossen. Das gilt selbst für die Eisberggefahr, die man nicht überschätzen sollte, da sie in bestimmter, jedem Kapitän genau bekannter Zone der nordatlantischen Fahrt von jeher bestanden hat, ohne Unheil anzurichten.

Neben ihrer Navigationsinspektion verfügt die Hamburg-Amerika Linie noch über eine weitere Betriebsabteilung, die sich ausschließlich dem eigentlichen Sicherheitsdienst und dem Rettungswesen widmet. Sie hat über die Ausrüstung der Schiffe mit Rettungsbooten, Rettungsbojen, Korkwesten und Feuerlöscheinrichtungen zu sorgen. Es wurde schon erwähnt, daß der Dampfer „Imperator" genügend Bootsraum besitzen wird, um im äußersten Notfall alle an Bord befindlichen Personen, Passagiere und Mannschaft, aufnehmen zu können. Die Rettungsboote sind große, seefähige Schiffe, deren Konstruktion und seemännische Ausrüstung gesetzlicher Vorschrift und Kontrolle unterliegen. Außer den Rettungsbooten ist für jeden Passagier eine Korkweste an Bord vorhanden. Rettungsbojen, die sich bei Nacht selbsttätig im Wasser erleuchten, helfen Überbordgefallenen, sich so lange über Wasser zu halten, bis das Schiff zurückgekehrt ist und Rettung bringt. Die

GROSSE SCHWIMMHALLE IN POMPEJANISCHEM STIL

RUHE- UND LESERAUM FÜR GÄSTE DES SCHWIMMBADES

Feuerlöscheinrichtungen bestehen aus Dampfspritzen und Handlöschapparaten, die sachgemäß über das ganze Schiff verteilt sind. Die Pumpen haben bei derartig großen Dampfern natürlich maschinellen Antrieb und sind so außerordentlich leistungsfähig, daß jeder an Bord entstehende Brand sofort auf die wirksamste Weise bekämpft werden kann. Für die Laderäume wird außerdem die Anwendung von Dampf zu Feuerlöschzwecken ermöglicht werden. Natürlich befaßt sich die Sicherheitsinspektion in erster Linie auch mit vorbeugenden Maßregeln, d. h. mit der Ausgabe und Überwachung von Instruktionen, die das Entstehen eines Brandes verhindern. Eine besondere Sicherung gegen Feuer wird auf dem Dampfer „Imperator" die Anlage von Rauchschotten auf den Passagierdecks mit sich bringen.

Die besten Sicherheitseinrichtungen sind natürlich nur dann von Vorteil, wenn ihre Handhabung den damit betrauten Leuten hinreichend geläufig ist. So sorgt das Gesetz und in seiner Befolgung die Sicherheitsinspektion der Hamburg-Amerika Linie dafür, daß die Besatzung in dauernder Übung gehalten wird, wie die Rettungsgerätschaften zu gebrauchen sind. Verschlußmanöver, Bootsmanöver und Feuermanöver müssen vor und während jeder Reise gemacht werden. Das Verschlußmanöver bezweckt, das gute Funktionieren der Schottenschließvorrichtung täglich zu erproben. Bei Nacht und Nebel werden die Schottentüren auf den Dampfern der Hamburg-Amerika Linie stets verschlossen gehalten. Bootsmanöver sollen die Mannschaft lehren, schnell und sicher das Zuwasserlassen der Rettungsboote auszuführen. Jeder Mann der Besatzung vom Kapitän bis zum letzten Trimmer hat seinen bestimmten Platz und seine bestimmte Aufgabe bei den Rettungsarbeiten. Das gleiche gilt hinsichtlich der Feuerlöschmanöver. Wie auf allen großen Dampfern der Hamburg-Amerika Linie wird auch auf dem Dampfer „Imperator" die Unterbringung der Offiziere und der Mannschaft so geregelt sein, daß jeder Teil der Besatzung dicht bei seiner Arbeitsstätte wohnt. So können auch die dienstfreien Leute im Falle jeder Gefahr ohne jeden Zeitverlust zur Stelle sein. Eine Alarmklingelanlage für Schiff und Maschine ruft jeden Mann der Besatzung sofort auf seinen ihm zugewiesenen Platz. Für Feuerlöschzwecke ist ein besonderes Klingelsystem und ein System von Feuermeldern über das Schiff verteilt. Auch die großartige Beleuchtung des Dampfers mit etwa 10000 elektrischen Lampen ist in gewissem Sinne zu den Sicherheitseinrichtungen zu zählen, und bei der Beschaffung des elektrischen Stroms durch 5 große Turbo-Dynamos hat hat man in Aussicht genommen, eine sechste dieser Maschinen oberhalb der Wasserlinie aufzustellen, damit eine Notbeleuchtung auch dann noch in Funktion bleibe, wenn der Maschinenraum unter Wasser gesetzt sein sollte. Erwähnt sei endlich die geplante Anlage einer Werkstatt im Maschinenraum. Sie soll mit Bohrmaschine, Drehbank, Hobelmaschine usw. ausgerüstet werden, um Reparaturen an der Maschine und am Schiff, soweit möglich, schon während der Fahrt beschaffen zu können.

SO zeigt der Dampfer „Imperator" auch auf dem Gebiete des Sicherheitswesens die ganze Summe der Vorzüge, die ein größeres Schiff den kleineren voraushaben kann. Und überblicken wir im Geiste noch einmal alles, was von dem schon vollendeten Bau und den noch kommenden Bauarbeiten erzählt werden konnte, so wird man die zuversichtliche Erwartung hegen dürfen, daß der Dampfer „Imperator" den schönsten Schiffen unter deutscher Flagge ebenbürtig, ja ihnen in vieler Beziehung überlegen sein wird. Der Anteil Deutschlands an der Beherrschung des Weltmeeres scheint damit ein gutes Stück in die Zukunft hinein von neuem sichergestellt. Und wenn kein Verständiger daran zweifeln darf, daß diese Beherrschung des Weltmeeres eine der wichtigsten Aufgaben der Menschheit ist, von der die rechte Nutzbarmachung aller Schätze des Erdballs abhängt, so wird auch kein Verständiger das kühne Wagnis tadeln, das die Hamburg-Amerika Linie mit dem Bau und der Indienststellung einer so großartigen Schiffsklasse unternimmt. Vor 400 Jahren mußte der Entdecker Amerikas auf wahren Nußschalen über den Ozean fahren, um sein folgereiches Werk zu vollbringen. Er konnte nicht voraussehen, welch eine gewaltige Entwicklung die Seeschiffahrt nehmen würde, der er so tollkühn vorausgegangen war. Aber wenn sein Geist auf dem Atlantischen Ozean heute dem Riesenschiff begegnete, das den Namen „Imperator" trägt, er würde mit den „Epigonen" zufrieden sein, die aus seiner Tat die Anregung zu so gewaltigen neuen Taten geschöpft haben. Was wäre die Entdeckung Amerikas gewesen, wenn es nicht der Nachwelt gelungen wäre, den Atlantischen Ozean zu einer Straße für jedermann zu machen, ihm die Sicherheit und den Reiz abzugewinnen, die das, was einst eine Heldentat genannt werden mußte, zu einer Spazierfahrt umgewandelt hat. Mögen immer noch vereinzelt von den Naturgewalten, in deren Mitte der Mensch zu leben gezwungen ist, Opfer gefordert werden, daran ist doch nicht zu zweifeln, daß die Beherrschung dieser Naturgewalten durch den kraftvollen und erfindungsreichen Menschengeist immer weitere Fortschritte macht. Einen Stillstand kann es hier nicht geben. Und nur indem wir alle Kraft anspannen, deren wir überhaupt fähig sind, nähern wir uns den größeren Zielen, die wie einst dem Zeitalter des Kolumbus auch unserm Zeitalter in verschleierter Zukunft vorbehalten sind.

TEILANSICHT DES HAUPTTREPPENHAUSES ERSTER KAJÜTE

LÄNGSSCHNITT DES DAMPFERS IMPERATOR

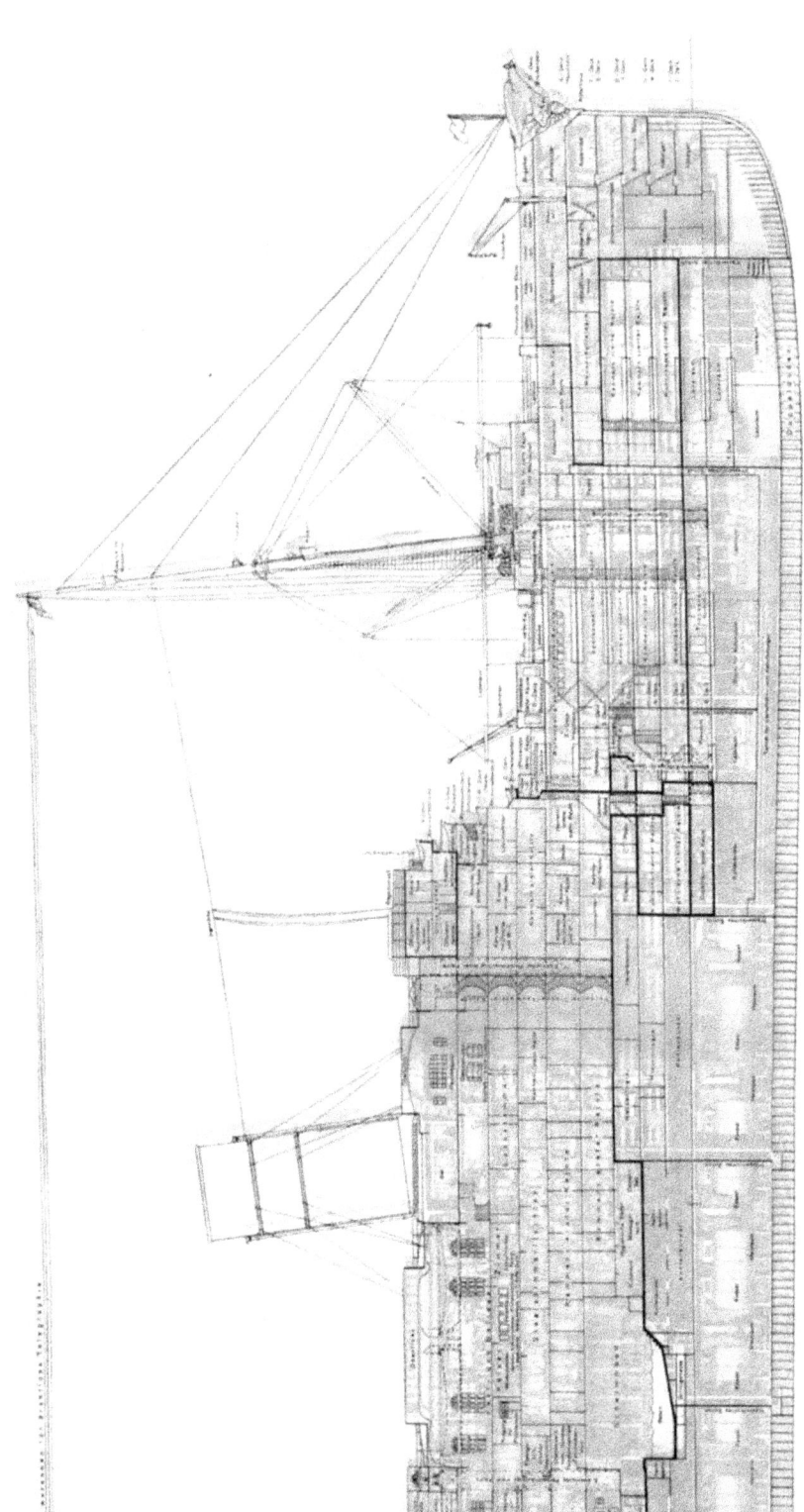

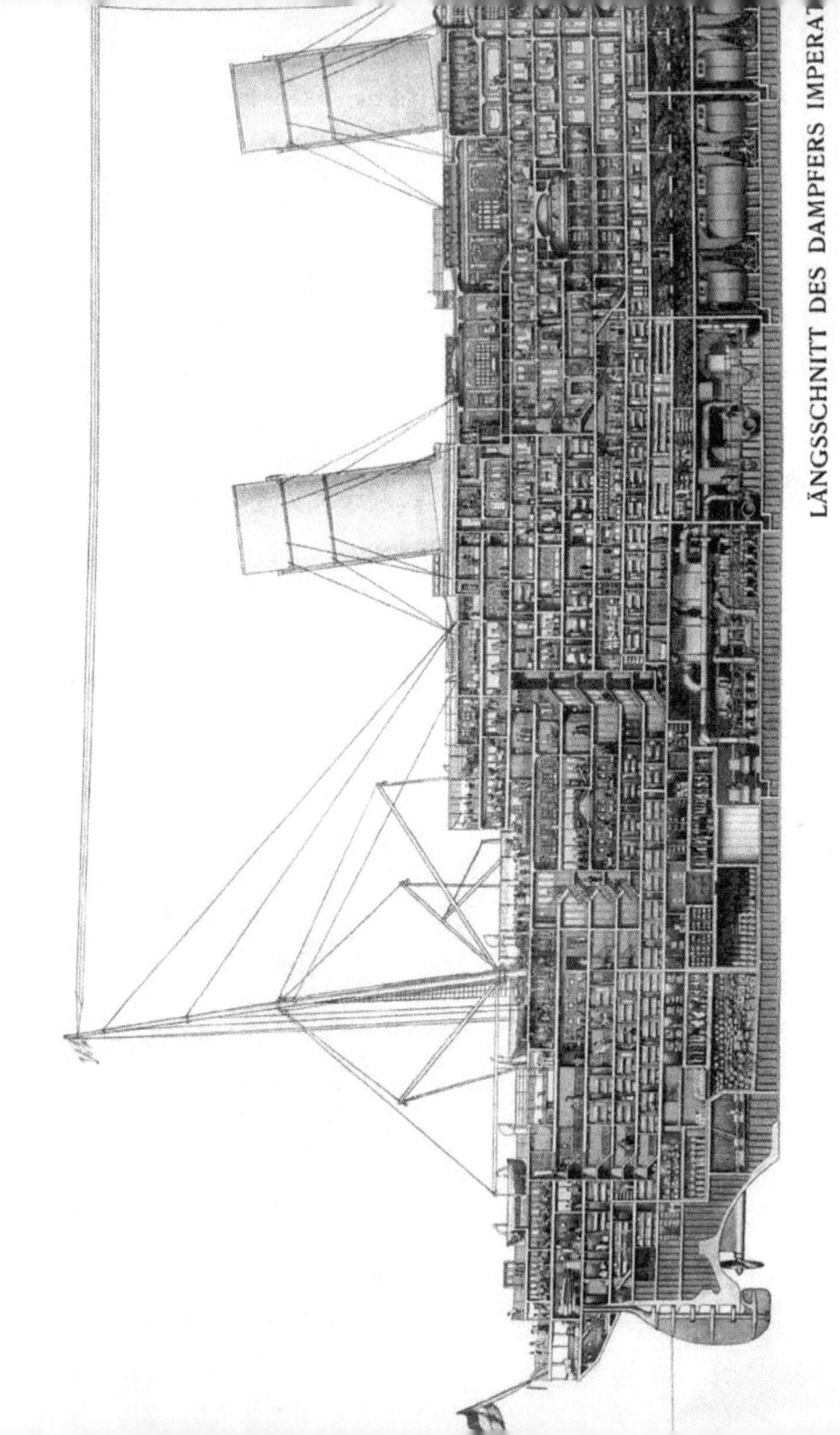

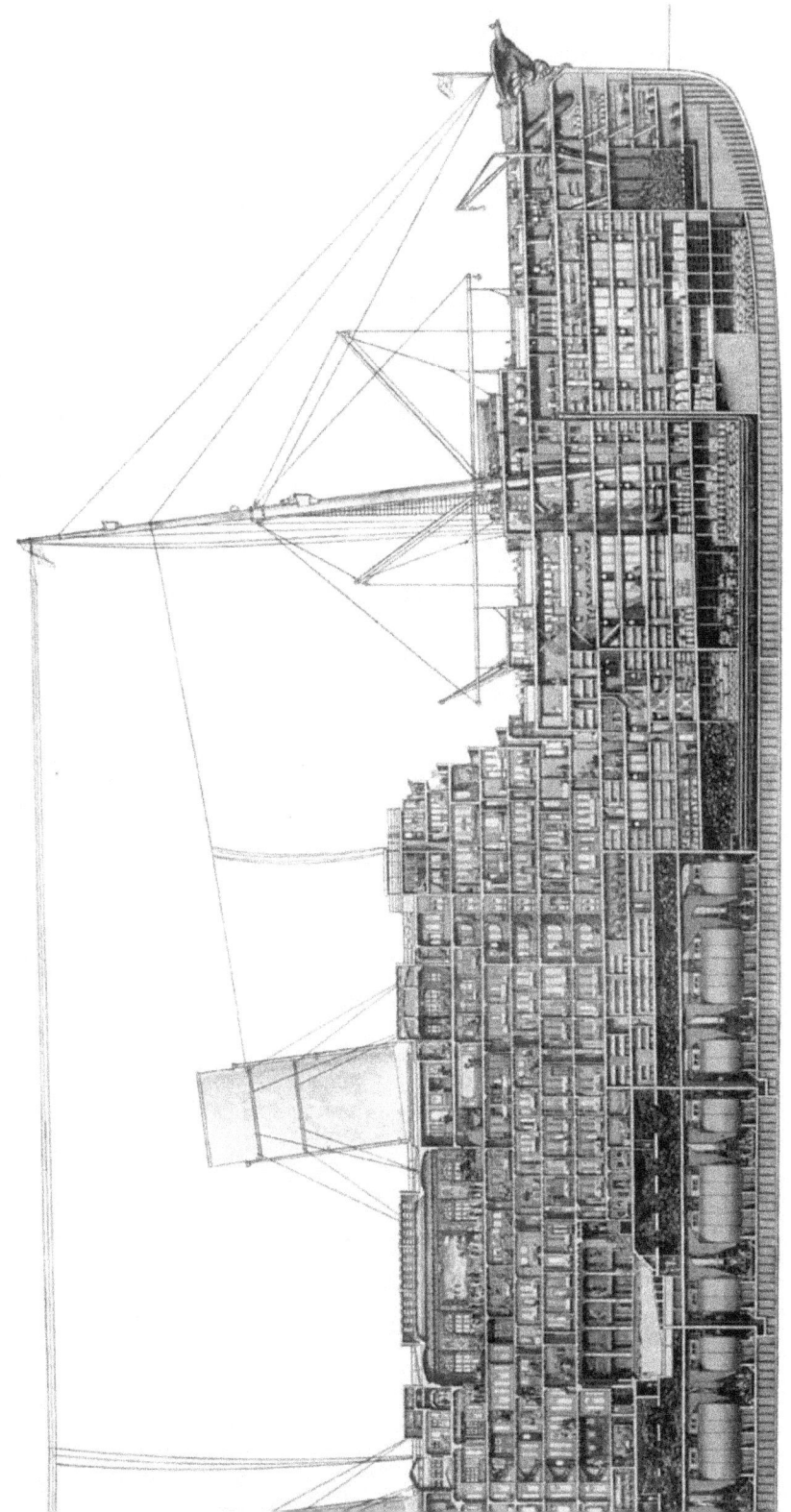

RATOR DER HAMBURG-AMERIKA LINIE

www.ingramcontent.com/pod-product-compliance
Lightning Source LLC
Chambersburg PA
CBHW031127160426
43192CB00008B/1145